MW00570454

Address
Book

This belongs to

_____

BARBOUR
PUBLISHING, INC.
Uhrichsville, Ohio

a

Name _____

Address _____

_____

Phone (_____) _____ E-mail _____

Name _____

Address _____

_____

Phone (_____) _____ E-mail _____

Name _____

Address _____

_____

Phone (_____) _____ E-mail _____

Name _____

Address _____

_____

Phone (_____) _____ E-mail _____

Name _____

Address _____

_____

Phone (_____) _____ E-mail _____

a

Name _____

Address _____

_____

Phone ( ) _____ E-mail _____

Name _____

Address _____

_____

Phone ( ) _____ E-mail _____

Name _____

Address _____

_____

Phone ( ) _____ E-mail _____

Name _____

Address _____

_____

Phone ( ) _____ E-mail _____

Name _____

Address _____

_____

Phone ( ) _____ E-mail _____

a

Name

Address

Phone ( )   E-mail

Name

Address

Phone ( )   E-mail

Name

Address

Phone ( )   E-mail

Name

Address

Phone ( )   E-mail

Name

Address

Phone ( )   E-mail

a

Name _____

Address _____

_____

Phone ( ) _____ E-mail _____

Name _____

Address _____

_____

Phone ( ) _____ E-mail _____

Name _____

Address _____

_____

Phone ( ) _____ E-mail _____

Name _____

Address _____

_____

Phone ( ) _____ E-mail _____

Name _____

Address _____

_____

Phone ( ) _____ E-mail _____

b

Name _____

Address _____

_____

Phone (____) _____ E-mail _____

Name _____

Address _____

_____

Phone (____) _____ E-mail _____

Name _____

Address _____

_____

Phone (____) _____ E-mail _____

Name _____

Address _____

_____

Phone (____) _____ E-mail _____

Name _____

Address _____

_____

Phone (____) _____ E-mail _____

Name _____

Address _____

Phone (___) _____ E-mail _____

Name _____

Address _____

Phone (___) _____ E-mail _____

Name _____

Address _____

Phone (___) _____ E-mail _____

Name _____

Address _____

Phone (___) _____ E-mail _____

Name _____

Address _____

Phone (___) _____ E-mail _____

Name _____

Address _____

Phone (___) _____ E-mail _____

b

Name _____

Address _____

_____

Phone (___) _____   E-mail _____

Name _____

Address _____

_____

Phone (___) _____   E-mail _____

Name _____

Address _____

_____

Phone (___) _____   E-mail _____

Name _____

Address _____

_____

Phone (___) _____   E-mail _____

Name _____

Address _____

_____

Phone (___) _____   E-mail _____

Name _____

Address _____

Phone (___) _____ E-mail _____

Name _____

Address _____

Phone (___) _____ E-mail _____

Name _____

Address _____

Phone (___) _____ E-mail _____

Name _____

Address _____

Phone (___) _____ E-mail _____

Name _____

Address _____

Phone (___) _____ E-mail _____

C

Name

Address

Phone (   )   E-mail

Name

Address

Phone (   )   E-mail

Name

Address

Phone (   )   E-mail

Name

Address

Phone (   )   E-mail

Name

Address

Phone (   )   E-mail

Name

Address

Phone ( ) E-mail

Name

Address

Phone ( ) E-mail

Name

Address

Phone ( ) E-mail

Name

Address

Phone ( ) E-mail

Name

Address

Phone ( ) E-mail

C

Name _____

Address _____

_____

Phone (___) _____ E-mail _____

Name _____

Address _____

_____

Phone (___) _____ E-mail _____

Name _____

Address _____

_____

Phone (___) _____ E-mail _____

Name _____

Address _____

_____

Phone (___) _____ E-mail _____

Name _____

Address _____

_____

Phone (___) _____ E-mail _____

C

Name _____

Address _____

_____

Phone ( ) _____ E-mail _____

Name _____

Address _____

_____

Phone ( ) _____ E-mail _____

Name _____

Address _____

_____

Phone ( ) _____ E-mail _____

Name _____

Address _____

_____

Phone ( ) _____ E-mail _____

Name _____

Address _____

_____

Phone ( ) _____ E-mail _____

d

Name _____

Address _____

Phone ( ) _____ E-mail _____

Name _____

Address _____

Phone ( ) _____ E-mail _____

Name _____

Address _____

Phone ( ) _____ E-mail _____

Name _____

Address _____

Phone ( ) _____ E-mail _____

Name _____

Address _____

Phone ( ) _____ E-mail _____

Name

Address

Phone ( )   E-mail

d

Name

Address

Phone ( )   E-mail

Name

Address

Phone ( )   E-mail

Name

Address

Phone ( )   E-mail

Name

Address

Phone ( )   E-mail

d

Name _____

Address _____

_____

Phone (_____) _____ E-mail _____

Name _____

Address _____

_____

Phone (_____) _____ E-mail _____

Name _____

Address _____

_____

Phone (_____) _____ E-mail _____

Name _____

Address _____

_____

Phone (_____) _____ E-mail _____

Name _____

Address _____

_____

Phone (_____) _____ E-mail _____

d

Name

Address

Phone ( ) E-mail

Name

Address

Phone ( ) E-mail

Name

Address

Phone ( ) E-mail

Name

Address

Phone ( ) E-mail

Name

Address

Phone ( ) E-mail

e

Name _____

Address _____

_____

Phone (_____) _____   E-mail _____

Name _____

Address _____

_____

Phone (_____) _____   E-mail _____

Name _____

Address _____

_____

Phone (_____) _____   E-mail _____

Name _____

Address _____

_____

Phone (_____) _____   E-mail _____

Name _____

Address _____

_____

Phone (_____) _____   E-mail _____

Name _____

Address _____

_____

Phone (___) _____ E-mail _____

Name _____

Address _____

_____

Phone (___) _____ E-mail _____

Name _____

Address _____

_____

Phone (___) _____ E-mail _____

Name _____

Address _____

_____

Phone (___) _____ E-mail _____

Name _____

Address _____

_____

Phone (___) _____ E-mail _____

e

Name

Address

Phone ( ) E-mail

Name

Address

Phone ( ) E-mail

Name

Address

Phone ( ) E-mail

Name

Address

Phone ( ) E-mail

Name

Address

Phone ( ) E-mail

Name _____

Address _____

_____

Phone ( ) _____ E-mail _____

Name _____

Address _____

_____

Phone ( ) _____ E-mail _____

Name _____

Address _____

_____

Phone ( ) _____ E-mail _____

Name _____

Address _____

_____

Phone ( ) _____ E-mail _____

Name _____

Address _____

_____

Phone ( ) _____ E-mail _____

e

f

Name _____

Address _____

_____

Phone (____) _____ E-mail _____

Name _____

Address _____

_____

Phone (____) _____ E-mail _____

Name _____

Address _____

_____

Phone (____) _____ E-mail _____

Name _____

Address _____

_____

Phone (____) _____ E-mail _____

Name _____

Address _____

_____

Phone (____) _____ E-mail _____

Name

Address

Phone ( )   E-mail

Name

Address

Phone ( )   E-mail

Name

Address

Phone ( )   E-mail

Name

Address

Phone ( )   E-mail

Name

Address

Phone ( )   E-mail

f

f

Name _____

Address _____

_____

Phone (____) _____ E-mail _____

Name _____

Address _____

_____

Phone (____) _____ E-mail _____

Name _____

Address _____

_____

Phone (____) _____ E-mail _____

Name _____

Address _____

_____

Phone (____) _____ E-mail _____

Name _____

Address _____

_____

Phone (____) _____ E-mail _____

Name _____

Address _____

_____

Phone (___) _____ E-mail _____

Name _____

Address _____

_____

Phone (___) _____ E-mail _____

Name _____

Address _____

_____

Phone (___) _____ E-mail _____

Name _____

Address _____

_____

Phone (___) _____ E-mail _____

Name _____

Address _____

_____

Phone (___) _____ E-mail _____

f

g

Name _____

Address _____

_____

Phone (____) _____   E-mail _____

Name _____

Address _____

_____

Phone (____) _____   E-mail _____

Name _____

Address _____

_____

Phone (____) _____   E-mail _____

Name _____

Address _____

_____

Phone (____) _____   E-mail _____

Name _____

Address _____

_____

Phone (____) _____   E-mail _____

Name

Address

Phone (   )   E-mail

Name

Address

Phone (   )   E-mail

Name

Address

Phone (   )   E-mail

Name

Address

Phone (   )   E-mail

Name

Address

Phone (   )   E-mail

_g_

Name _____

Address _____

_____

Phone (___) _____ E-mail _____

Name _____

Address _____

_____

Phone (___) _____ E-mail _____

Name _____

Address _____

_____

Phone (___) _____ E-mail _____

Name _____

Address _____

_____

Phone (___) _____ E-mail _____

Name _____

Address _____

_____

Phone (___) _____ E-mail _____

Name

Address

Phone (   )   E-mail

Name

Address

Phone (   )   E-mail

Name

Address

Phone (   )   E-mail

Name

Address

Phone (   )   E-mail

Name

Address

Phone (   )   E-mail

h

Name _____

Address _____

_____

Phone (____) _____ E-mail _____

Name _____

Address _____

_____

Phone (____) _____ E-mail _____

Name _____

Address _____

_____

Phone (____) _____ E-mail _____

Name _____

Address _____

_____

Phone (____) _____ E-mail _____

Name _____

Address _____

_____

Phone (____) _____ E-mail _____

Name

Address

Phone ( ) E-mail

Name

Address

Phone ( ) E-mail

h

Name

Address

Phone ( ) E-mail

Name

Address

Phone ( ) E-mail

Name

Address

Phone ( ) E-mail

Name _____

Address _____

_____

Phone (___) _____ E-mail _____

Name _____

Address _____

_____

Phone (___) _____ E-mail _____

h

Name _____

Address _____

_____

Phone (___) _____ E-mail _____

Name _____

Address _____

_____

Phone (___) _____ E-mail _____

Name _____

Address _____

_____

Phone (___) _____ E-mail _____

Name _____

Address _____

Phone ( ) _____ E-mail _____

Name _____

Address _____

Phone ( ) _____ E-mail _____

h

Name _____

Address _____

Phone ( ) _____ E-mail _____

Name _____

Address _____

Phone ( ) _____ E-mail _____

Name _____

Address _____

Phone ( ) _____ E-mail _____

Name _____

Address _____

_____

Phone ( ) _____ E-mail _____

Name _____

Address _____

_____

Phone ( ) _____ E-mail _____

Name _____

Address _____

_____

Phone ( ) _____ E-mail _____

Name _____

Address _____

_____

Phone ( ) _____ E-mail _____

Name _____

Address _____

_____

Phone ( ) _____ E-mail _____

Name _____

Address _____

_____

Phone ( ) _____ E-mail _____

Name _____

Address _____

_____

Phone ( ) _____ E-mail _____

Name _____

Address _____

_____

Phone ( ) _____ E-mail _____

Name _____

Address _____

_____

Phone ( ) _____ E-mail _____

Name _____

Address _____

_____

Phone ( ) _____ E-mail _____

Name _____

Address _____

_____

Phone (___) _____ E-mail _____

Name _____

Address _____

_____

Phone (___) _____ E-mail _____

Name _____

Address _____

_____

Phone (___) _____ E-mail _____

Name _____

Address _____

_____

Phone (___) _____ E-mail _____

Name _____

Address _____

_____

Phone (___) _____ E-mail _____

Name _____

Address _____

_____

Phone (___) _____ E-mail _____

Name _____

Address _____

_____

Phone (___) _____ E-mail _____

Name _____

Address _____

_____

Phone (___) _____ E-mail _____

Name _____

Address _____

_____

Phone (___) _____ E-mail _____

Name _____

Address _____

_____

Phone (___) _____ E-mail _____

Name _____

Address _____

_____

Phone ( ) _____ E-mail _____

Name _____

Address _____

_____

Phone ( ) _____ E-mail _____

Name _____

Address _____

_____

Phone ( ) _____ E-mail _____

Name _____

Address _____

_____

Phone ( ) _____ E-mail _____

Name _____

Address _____

_____

Phone ( ) _____ E-mail _____

Name

Address

Phone (   )   E-mail

Name

Address

Phone (   )   E-mail

Name

Address

J

Phone (   )   E-mail

Name

Address

Phone (   )   E-mail

Name

Address

Phone (   )   E-mail

Name

Address

Phone (   )   E-mail

Name

Address

Phone (   )   E-mail

Name

Address

Phone (   )   E-mail

Name

Address

Phone (   )   E-mail

Name

Address

Phone (   )   E-mail

Name _____

Address _____

_____

Phone (___) _____ E-mail _____

Name _____

Address _____

_____

Phone (___) _____ E-mail _____

Name _____

Address _____

_____

Phone (___) _____ E-mail _____

Name _____

Address _____

_____

Phone (___) _____ E-mail _____

Name _____

Address _____

_____

Phone (___) _____ E-mail _____

j

k

Name

Address

Phone (   )   E-mail

Name

Address

Phone (   )   E-mail

Name

Address

Phone (   )   E-mail

Name

Address

Phone (   )   E-mail

Name

Address

Phone (   )   E-mail

Name

Address

Phone ( ) E-mail

Name

Address

Phone ( ) E-mail

Name

Address

Phone ( ) E-mail

_k_

Name

Address

Phone ( ) E-mail

Name

Address

Phone ( ) E-mail

Name _____

Address _____

_____

Phone (   ) _____ E-mail _____

Name _____

Address _____

_____

Phone (   ) _____ E-mail _____

Name _____

Address _____

_____

k

Phone (   ) _____ E-mail _____

Name _____

Address _____

_____

Phone (   ) _____ E-mail _____

Name _____

Address _____

_____

Phone (   ) _____ E-mail _____

Name

Address

Phone (   )   E-mail

Name

Address

Phone (   )   E-mail

Name

Address

Phone (   )   E-mail

Name

Address

Phone (   )   E-mail

Name

Address

Phone (   )   E-mail

k

Name _____

Address _____

_____

Phone (___) _____ E-mail _____

Name _____

Address _____

_____

Phone (___) _____ E-mail _____

Name _____

Address _____

_____

Phone (___) _____ E-mail _____

Name _____

Address _____

_____

Phone (___) _____ E-mail _____

Name _____

Address _____

_____

Phone (___) _____ E-mail _____

Name _____

Address _____

_____

Phone (___) _____ E-mail _____

Name _____

Address _____

_____

Phone (___) _____ E-mail _____

Name _____

Address _____

_____

Phone (___) _____ E-mail _____

Name _____

Address _____

_____

Phone (___) _____ E-mail _____

Name _____

Address _____

_____

Phone (___) _____ E-mail _____

Name _____

Address _____

_____

Phone (___) _____ E-mail _____

Name _____

Address _____

_____

Phone (___) _____ E-mail _____

Name _____

Address _____

_____

Phone (___) _____ E-mail _____

Name _____

Address _____

_____

Phone (___) _____ E-mail _____

Name _____

Address _____

_____

Phone (___) _____ E-mail _____

Name

Address

Phone (   )   E-mail

Name

Address

Phone (   )   E-mail

Name

Address

Phone (   )   E-mail

Name

Address

Phone (   )   E-mail

Name

Address

Phone (   )   E-mail

l

Name

Address

Phone ( ) E-mail

Name

Address

Phone ( ) E-mail

Name

Address

Phone ( ) E-mail

M

Name

Address

Phone ( ) E-mail

Name

Address

Phone ( ) E-mail

Name

Address

Phone ( ) E-mail

Name

Address

Phone ( ) E-mail

Name

Address

Phone ( ) E-mail

Name

Address

M

Phone ( ) E-mail

Name

Address

Phone ( ) E-mail

Name _____

Address _____

_____

Phone (____) _____ E-mail _____

Name _____

Address _____

_____

Phone (____) _____ E-mail _____

Name _____

Address _____

_____

Phone (____) _____ E-mail _____

M

Name _____

Address _____

_____

Phone (____) _____ E-mail _____

Name _____

Address _____

_____

Phone (____) _____ E-mail _____

Name

Address

Phone (   )   E-mail

Name

Address

Phone (   )   E-mail

Name

Address

Phone (   )   E-mail

Name

Address

Phone (   )   E-mail

M

Name

Address

Phone (   )   E-mail

Name

Address

Phone (   )   E-mail

Name

Address

Phone (   )   E-mail

Name

Address

Phone (   )   E-mail

Name

Address

Phone (   )   E-mail

Name

Address

Phone (   )   E-mail

n

Name

Address

Phone (   )   E-mail

Name

Address

Phone (   )   E-mail

Name

Address

Phone (   )   E-mail

Name

Address

Phone (   )   E-mail

Name

Address

Phone (   )   E-mail

n

Name _____

Address _____

_____

Phone (____) _____ E-mail _____

Name _____

Address _____

_____

Phone (____) _____ E-mail _____

Name _____

Address _____

_____

Phone (____) _____ E-mail _____

Name _____

Address _____

_____

Phone (____) _____ E-mail _____

Name _____

Address _____

_____

Phone (____) _____ E-mail _____

n

Name

Address

Phone ( )   E-mail

Name

Address

Phone ( )   E-mail

Name

Address

Phone ( )   E-mail

Name

Address

Phone ( )   E-mail

Name

Address

Phone ( )   E-mail

n

Name _____

Address _____

_____

Phone (___) _____   E-mail _____

Name _____

Address _____

_____

Phone (___) _____   E-mail _____

Name _____

Address _____

_____

Phone (___) _____   E-mail _____

Name _____

Address _____

_____

Phone (___) _____   E-mail _____

Name _____

Address _____

_____

Phone (___) _____   E-mail _____

Name

Address

Phone ( ) E-mail

Name

Address

Phone ( ) E-mail

Name

Address

Phone ( ) E-mail

Name

Address

Phone ( ) E-mail

O

Name

Address

Phone ( ) E-mail

Name _____

Address _____

_____

Phone (___) _____ E-mail _____

Name _____

Address _____

_____

Phone (___) _____ E-mail _____

Name _____

Address _____

_____

Phone (___) _____ E-mail _____

Name _____

Address _____

_____

Phone (___) _____ E-mail _____

O

Name _____

Address _____

_____

Phone (___) _____ E-mail _____

Name

Address

Phone (   )   E-mail

Name

Address

Phone (   )   E-mail

Name

Address

Phone (   )   E-mail

Name

Address

Phone (   )   E-mail

Name

Address

Phone (   )   E-mail

O

Name _____

Address _____

_____

Phone (____) _____ E-mail _____

Name _____

Address _____

_____

Phone (____) _____ E-mail _____

Name _____

Address _____

_____

Phone (____) _____ E-mail _____

Name _____

Address _____

_____

Phone (____) _____ E-mail _____

Name _____

Address _____

_____

Phone (____) _____ E-mail _____

Name _____

Address _____

Phone ( ) _____ E-mail _____

Name _____

Address _____

Phone ( ) _____ E-mail _____

Name _____

Address _____

Phone ( ) _____ E-mail _____

Name _____

Address _____

Phone ( ) _____ E-mail _____

Name _____

Address _____

Phone ( ) _____ E-mail _____

Name _____

Address _____

_____

Phone (___) _____ E-mail _____

Name _____

Address _____

_____

Phone (___) _____ E-mail _____

Name _____

Address _____

_____

Phone (___) _____ E-mail _____

Name _____

Address _____

_____

Phone (___) _____ E-mail _____

Name _____

Address _____

_____

Phone (___) _____ E-mail _____

Name

Address

Phone ( ) E-mail

Name

Address

Phone ( ) E-mail

Name

Address

Phone ( ) E-mail

Name

Address

Phone ( ) E-mail

Name

Address

Phone ( ) E-mail

Name _____

Address _____

_____

Phone (____) _____ E-mail _____

Name _____

Address _____

_____

Phone (____) _____ E-mail _____

Name _____

Address _____

_____

Phone (____) _____ E-mail _____

Name _____

Address _____

_____

Phone (____) _____ E-mail _____

Name _____

Address _____

_____

Phone (____) _____ E-mail _____

Name _____

Address _____

Phone (___) _____ E-mail _____

Name _____

Address _____

Phone (___) _____ E-mail _____

Name _____

Address _____

Phone (___) _____ E-mail _____

Name _____

Address _____

Phone (___) _____ E-mail _____

Name _____

Address _____

Phone (___) _____ E-mail _____

Name _____

Address _____

_____

Phone (___) _____ E-mail _____

Name _____

Address _____

_____

Phone (___) _____ E-mail _____

Name _____

Address _____

_____

Phone (___) _____ E-mail _____

Name _____

Address _____

_____

Phone (___) _____ E-mail _____

Name _____

Address _____

_____

Phone (___) _____ E-mail _____

Name _____

Address _____

_____

Phone (____) _____ E-mail _____

Name _____

Address _____

_____

Phone (____) _____ E-mail _____

Name _____

Address _____

_____

Phone (____) _____ E-mail _____

Name _____

Address _____

_____

Phone (____) _____ E-mail _____

Name _____

Address _____

_____

Phone (____) _____ E-mail _____

Name _____

Address _____

_____

Phone ( ) _____ E-mail _____

Name _____

Address _____

_____

Phone ( ) _____ E-mail _____

Name _____

Address _____

_____

Phone ( ) _____ E-mail _____

Name _____

Address _____

_____

Phone ( ) _____ E-mail _____

Name _____

Address _____

_____

Phone ( ) _____ E-mail _____

Name _____

Address _____

Phone ( ) _____ E-mail _____

Name _____

Address _____

Phone ( ) _____ E-mail _____

Name _____

Address _____

Phone ( ) _____ E-mail _____

Name _____

Address _____

Phone ( ) _____ E-mail _____

Name _____

Address _____

Phone ( ) _____ E-mail _____

Name _____

Address _____

_____

Phone (____) _____ E-mail _____

Name _____

Address _____

_____

Phone (____) _____ E-mail _____

Name _____

Address _____

_____

Phone (____) _____ E-mail _____

Name _____

Address _____

_____

Phone (____) _____ E-mail _____

Name _____

Address _____

_____

r Phone (____) _____ E-mail _____

Name _____

Address _____

Phone (___) _____ E-mail _____

Name _____

Address _____

Phone (___) _____ E-mail _____

Name _____

Address _____

Phone (___) _____ E-mail _____

Name _____

Address _____

Phone (___) _____ E-mail _____

Name _____

Address _____

Phone (___) _____ E-mail _____

Name

Address

Phone ( ) E-mail

Name

Address

Phone ( ) E-mail

Name

Address

Phone ( ) E-mail

Name

Address

Phone ( ) E-mail

Name

Address

Phone ( ) E-mail

Name _____

Address _____

_____

Phone (___) _____   E-mail _____

Name _____

Address _____

_____

Phone (___) _____   E-mail _____

Name _____

Address _____

_____

Phone (___) _____   E-mail _____

Name _____

Address _____

_____

Phone (___) _____   E-mail _____

Name _____

Address _____

_____

Phone (___) _____   E-mail _____

Name _____

Address _____

_____

Phone (___) _____   E-mail _____

Name _____

Address _____

_____

Phone (___) _____   E-mail _____

Name _____

Address _____

_____

Phone (___) _____   E-mail _____

Name _____

Address _____

_____

Phone (___) _____   E-mail _____

Name _____

Address _____

_____

Phone (___) _____   E-mail _____

Name

Address

Phone ( )   E-mail

Name

Address

Phone ( )   E-mail

Name

Address

Phone ( )   E-mail

Name

Address

Phone ( )   E-mail

Name

Address

Phone ( )   E-mail

Name _____

Address _____

_____

Phone (____) _____ E-mail _____

Name _____

Address _____

_____

Phone (____) _____ E-mail _____

Name _____

Address _____

_____

Phone (____) _____ E-mail _____

Name _____

Address _____

_____

Phone (____) _____ E-mail _____

t

Name _____

Address _____

_____

Phone (____) _____ E-mail _____

Name _____

Address _____

_____

Phone (___) _____ E-mail _____

Name _____

Address _____

_____

Phone (___) _____ E-mail _____

Name _____

Address _____

_____

Phone (___) _____ E-mail _____

Name _____

Address _____

_____

Phone (___) _____ E-mail _____

Name _____

Address _____

_____

Phone (___) _____ E-mail _____

t

Name _____

Address _____

_____

Phone (____) _____   E-mail _____

Name _____

Address _____

_____

Phone (____) _____   E-mail _____

Name _____

Address _____

_____

Phone (____) _____   E-mail _____

Name _____

Address _____

_____

Phone (____) _____   E-mail _____

Name _____

Address _____

_____

Phone (____) _____   E-mail _____

t

Name _____

Address _____

_____

Phone (____) _____ E-mail _____

Name _____

Address _____

_____

Phone (____) _____ E-mail _____

Name _____

Address _____

_____

Phone (____) _____ E-mail _____

Name _____

Address _____

_____

Phone (____) _____ E-mail _____

Name _____

Address _____

_____

Phone (____) _____ E-mail _____

t

Name

Address

Phone (   )   E-mail

Name

Address

Phone (   )   E-mail

Name

Address

Phone (   )   E-mail

Name

Address

Phone (   )   E-mail

U

Name

Address

Phone (   )   E-mail

Name _____

Address _____

_____

Phone ( ) _____ E-mail _____

Name _____

Address _____

_____

Phone ( ) _____ E-mail _____

Name _____

Address _____

_____

Phone ( ) _____ E-mail _____

Name _____

Address _____

_____

Phone ( ) _____ E-mail _____

Name _____

Address _____

_____

Phone ( ) _____ E-mail _____

u

Name _____

Address _____

Phone (___) _____ E-mail _____

Name _____

Address _____

Phone (___) _____ E-mail _____

Name _____

Address _____

Phone (___) _____ E-mail _____

Name _____

Address _____

Phone (___) _____ E-mail _____

Name _____

Address _____

Phone (___) _____ E-mail _____

γ

Name

Address

Phone ( )   E-mail

Name

Address

Phone ( )   E-mail

Name

Address

Phone ( )   E-mail

Name

Address

Phone ( )   E-mail

Name

Address

Phone ( )   E-mail

γ

Name

Address

Phone (   )   E-mail

Name

Address

Phone (   )   E-mail

Name

Address

Phone (   )   E-mail

Name

Address

Phone (   )   E-mail

Name

Address

Phone (   )   E-mail

W

Name

Address

Phone ( )   E-mail

Name

Address

Phone ( )   E-mail

Name

Address

Phone ( )   E-mail

Name

Address

Phone ( )   E-mail

Name

Address

Phone ( )   E-mail

W

Name _____

Address _____

_____

Phone (___) _____ E-mail _____

Name _____

Address _____

_____

Phone (___) _____ E-mail _____

Name _____

Address _____

_____

Phone (___) _____ E-mail _____

Name _____

W

Address _____

_____

Phone (___) _____ E-mail _____

Name _____

Address _____

_____

Phone (___) _____ E-mail _____

Name _____

Address _____

_____

Phone (____) _____ E-mail _____

Name _____

Address _____

_____

Phone (____) _____ E-mail _____

Name _____

Address _____

_____

Phone (____) _____ E-mail _____

Name _____

Address _____

W

_____

Phone (____) _____ E-mail _____

Name _____

Address _____

_____

Phone (____) _____ E-mail _____

Name

Address

Phone ( )   E-mail

Name

Address

Phone ( )   E-mail

Name

Address

Phone ( )   E-mail

X

Name

Address

Phone ( )   E-mail

Name

Address

Phone ( )   E-mail

Name

Address

Phone ( )   E-mail

Name

Address

Phone ( )   E-mail

Name

Address

Phone ( )   E-mail

X

Name

Address

Phone ( )   E-mail

Name

Address

Phone ( )   E-mail

Name _____

Address _____

_____

Phone ( ) _____ E-mail _____

Name _____

Address _____

_____

Phone ( ) _____ E-mail _____

Name _____

Address _____

_____

Phone ( ) _____ E-mail _____

Name _____

Address _____

_____

Phone ( ) _____ E-mail _____

Name _____

Address _____

_____

Phone ( ) _____ E-mail _____

y

Name _____

Address _____

Phone (___) _____ E-mail _____

Name _____

Address _____

Phone (___) _____ E-mail _____

Name _____

Address _____

Phone (___) _____ E-mail _____

Name _____

Address _____

Phone (___) _____ E-mail _____

Name _____

Address _____

Phone (___) _____ E-mail _____

Name _____

Address _____

_____

Phone ( ) _____ E-mail _____

Name _____

Address _____

_____

Phone ( ) _____ E-mail _____

Name _____

Address _____

z

_____

Phone ( ) _____ E-mail _____

Name _____

Address _____

_____

Phone ( ) _____ E-mail _____

Name _____

Address _____

_____

Phone ( ) _____ E-mail _____

Name

Address

Phone ( )   E-mail

Name

Address

Phone ( )   E-mail

Name

Address

Z

Phone ( )   E-mail

Name

Address

Phone ( )   E-mail

Name

Address

Phone ( )   E-mail

Name

Address

Phone (   )   E-mail

Name

Address

Phone (   )   E-mail

Name

Address

z

Phone (   )   E-mail

Name

Address

Phone (   )   E-mail

Name

Address

Phone (   )   E-mail